This book belongs to:

_____

Email

_____

Contact Number

_____

Signature Kisses
www.signaturekisses.co.uk

Favorite Books

Title	Author

Favorite Books

Title	Author

My Books - Index Page

	Title	Genre
1		
2		
3		
4		
5		
6		
7		
8		
9		
10		
11		
12		
13		
14		
15		
16		
17		
18		
19		
20		
21		
22		
23		
24		
25		

My Books - Index Page

	Title	Genre
26		
27		
28		
29		
30		
31		
32		
33		
34		
35		
36		
37		
38		
39		
40		
41		
42		
43		
44		
45		
46		
47		
48		
49		
50		

My Books - Index Page

	Title	Genre
51		
52		
53		
54		
55		
56		
57		
58		
59		
60		
61		
62		
63		
64		
65		
66		
67		
68		
69		
70		
71		
72		
73		
74		
75		

My Books - Index Page

	Title	Genre
76		
77		
78		
79		
80		
81		
82		
83		
84		
85		
86		
87		
88		
89		
90		
91		
92		
93		
94		
95		
96		
97		
98		
99		
100		

TITLE:

Author: Date Published:

Publisher: Genre:

Page Count: Date Started: Date Finished:

My Review

....
....
....
....
....
....
....
....
....
....
....
....
....
....
....

INSPIRATION

BOOK NO:

MEMORABLE QUOTE

My Rating:
☆☆☆☆☆

TITLE:

Author:

Date Published:

Publisher:

Genre:

Page Count:

Date Started:

Date Finished:

My Review

....
....
....
....
....
....
....
....
....
....
....
....
....
....
....
....
....

INSPIRATION

_____
_____
_____
_____
_____
_____
_____
_____

BOOK NO:

MEMORABLE QUOTE

_____
_____
_____
_____
_____
_____
_____
_____

My Rating:

☆ ☆ ☆ ☆ ☆

TITLE:

Author:

Date Published:

Publisher:

Genre:

Page Count:

Date Started:

Date Finished:

My Review

....
....
....
....
....
....
....
....
....
....
....
....
....
....
....
....
....
....
....

INSPIRATION

BOOK NO:

MEMORABLE QUOTE

My Rating:

☆☆☆☆☆

TITLE:

Author:

Date Published:

Publisher:

Genre:

Page Count:

Date Started:

Date Finished:

My Review

....
....
....
....
....
....
....
....
....
....
....
....
....
....
....
....

INSPIRATION

_____
_____
_____
_____
_____
_____
_____
_____

BOOK NO:

MEMORABLE QUOTE

_____
_____
_____
_____
_____
_____
_____

My Rating:
☆☆☆☆☆

TITLE:

Author:

Date Published:

Publisher:

Genre:

Page Count:

Date Started:

Date Finished:

My Review

....
....
....
....
....
....
....
....
....
....
....
....
....
....
....
....
....
....

INSPIRATION

BOOK NO:

MEMORABLE QUOTE

My Rating:

☆ ☆ ☆ ☆ ☆

TITLE:

Author: Date Published:

Publisher: Genre:

Page Count: Date Started: Date Finished:

My Review

....
....
....
....
....
....
....
....
....
....
....
....
....
....
....
....

INSPIRATION

BOOK NO:

MEMORABLE QUOTE

My Rating:
☆☆☆☆☆

TITLE:

Author:

Date Published:

Publisher:

Genre:

Page Count:

Date Started:

Date Finished:

My Review

....
....
....
....
....
....
....
....
....
....
....
....
....
....
....
....

INSPIRATION

_____
_____
_____
_____
_____
_____
_____

BOOK NO:

MEMORABLE QUOTE

_____
_____
_____
_____
_____
_____
_____
_____

My Rating:

☆☆☆☆☆

TITLE:

Author:

Date Published:

Publisher:

Genre:

Page Count:

Date Started:

Date Finished:

My Review

....
....
....
....
....
....
....
....
....
....
....
....
....
....
....
....
....
....

INSPIRATION

_____
_____
_____
_____
_____
_____
_____

BOOK NO:

MEMORABLE QUOTE

_____
_____
_____
_____
_____
_____
_____

My Rating:

☆☆☆☆☆

TITLE:

Author:

Date Published:

Publisher:

Genre:

Page Count:

Date Started:

Date Finished:

My Review

....
....
....
....
....
....
....
....
....
....
....
....
....
....
....
....
....

INSPIRATION

_____
_____
_____
_____
_____
_____
_____

BOOK NO:

My Rating:

☆☆☆☆☆

MEMORABLE QUOTE

_____
_____
_____
_____
_____
_____
_____
_____

TITLE:

Author: Date Published:

Publisher: Genre:

Page Count: Date Started: Date Finished:

My Review

....
....
....
....
....
....
....
....
....
....
....
....
....
....
....
....
....

INSPIRATION

_____
_____
_____
_____
_____
_____
_____

BOOK NO:

MEMORABLE QUOTE

_____
_____
_____
_____
_____
_____

My Rating:
☆☆☆☆☆

TITLE:

Author: _____   Date Published: _____

Publisher: _____   Genre: _____

Page Count: ⬭   Date Started: ⬭   Date Finished: ⬭

My Review

....
....
....
....
....
....
....
....
....
....
....
....
....
....
....
....

INSPIRATION

_____
_____
_____
_____
_____
_____
_____

BOOK NO:

MEMORABLE QUOTE

_____
_____
_____
_____
_____
_____
_____

My Rating:

☆☆☆☆☆

TITLE:

Author: Date Published:

Publisher: Genre:

Page Count: Date Started: Date Finished:

My Review

....
....
....
....
....
....
....
....
....
....
....
....
....
....
....
....
....
....

INSPIRATION

_____
_____
_____
_____
_____
_____
_____

BOOK NO:

MEMORABLE QUOTE

_____
_____
_____
_____
_____
_____
_____

My Rating:

☆☆☆☆☆

TITLE:

Author:

Date Published:

Publisher:

Genre:

Page Count: **Date Started:**   **Date Finished:**

My Review

....
....
....
....
....
....
....
....
....
....
....
....
....
....
....
....

INSPIRATION

_____
_____
_____
_____
_____
_____
_____
_____

BOOK NO:

MEMORABLE QUOTE

_____
_____
_____
_____
_____
_____
_____
_____

My Rating:

☆☆☆☆☆

TITLE:

Author:

Date Published:

Publisher:

Genre:

Page Count:

Date Started:

Date Finished:

My Review

....
....
....
....
....
....
....
....
....
....
....
....
....
....
....
....
....
....

INSPIRATION

_____
_____
_____
_____
_____
_____

BOOK NO:

MEMORABLE QUOTE

_____
_____
_____
_____
_____
_____
_____

My Rating:

☆☆☆☆☆

TITLE:

Author: Date Published:

Publisher: Genre:

Page Count: Date Started: Date Finished:

My Review

....
....
....
....
....
....
....
....
....
....
....
....
....
....
....
....
....
....

INSPIRATION

BOOK NO:

MEMORABLE QUOTE

My Rating:

☆☆☆☆☆

TITLE:

Author:

Date Published:

Publisher:

Genre:

Page Count:

Date Started:

Date Finished:

My Review

....
....
....
....
....
....
....
....
....
....
....
....
....
....
....
....
....

INSPIRATION

_____
_____
_____
_____
_____
_____
_____

BOOK NO:

MEMORABLE QUOTE

_____
_____
_____
_____
_____
_____
_____

My Rating:

☆☆☆☆☆

TITLE:

Author:

Date Published:

Publisher:

Genre:

Page Count:

Date Started:

Date Finished:

My Review

....
....
....
....
....
....
....
....
....
....
....
....
....
....
....
....

INSPIRATION

_____
_____
_____
_____
_____
_____
_____

BOOK NO:

My Rating:

☆☆☆☆☆

MEMORABLE QUOTE

_____
_____
_____
_____
_____
_____
_____

TITLE:

Author:

Date Published:

Publisher:

Genre:

Page Count:

Date Started:

Date Finished:

My Review

....
....
....
....
....
....
....
....
....
....
....
....
....
....
....
....
....
....

INSPIRATION

_____
_____
_____
_____
_____
_____
_____

BOOK NO:

MEMORABLE QUOTE

_____
_____
_____
_____
_____
_____
_____

My Rating:
☆☆☆☆☆

TITLE:

Author: Date Published:

Publisher: Genre:

Page Count: Date Started: Date Finished:

My Review

....
....
....
....
....
....
....
....
....
....
....
....
....
....
....
....

INSPIRATION

BOOK NO:

MEMORABLE QUOTE

My Rating:
☆☆☆☆☆

TITLE:

Author: Date Published:

Publisher: Genre:

Page Count: Date Started: Date Finished:

My Review

....
....
....
....
....
....
....
....
....
....
....
....
....
....
....
....
....
....

INSPIRATION

_____
_____
_____
_____
_____
_____
_____

BOOK NO:

MEMORABLE QUOTE

_____
_____
_____
_____
_____
_____
_____
_____

My Rating:
☆ ☆ ☆ ☆ ☆

TITLE:

Author:

Date Published:

Publisher:

Genre:

Page Count:

Date Started:

Date Finished:

My Review

....
....
....
....
....
....
....
....
....
....
....
....
....
....
....
....
....

INSPIRATION

BOOK NO:

MEMORABLE QUOTE

My Rating:
☆☆☆☆☆

TITLE:

Author:

Date Published:

Publisher:

Genre:

Page Count:

Date Started:

Date Finished:

My Review

....
....
....
....
....
....
....
....
....
....
....
....
....
....
....
....
....
....
....

INSPIRATION

BOOK NO:

MEMORABLE QUOTE

My Rating:

☆☆☆☆☆

TITLE:

Author:

Date Published:

Publisher:

Genre:

Page Count:

Date Started:

Date Finished:

My Review

....
....
....
....
....
....
....
....
....
....
....
....
....
....
....
....

INSPIRATION

BOOK NO:

MEMORABLE QUOTE

My Rating:

☆☆☆☆☆

TITLE:

Author: Date Published:

Publisher: Genre:

Page Count: Date Started: Date Finished:

My Review

....
....
....
....
....
....
....
....
....
....
....
....
....
....
....
....

INSPIRATION

_____
_____
_____
_____
_____
_____
_____
_____

BOOK NO:

MEMORABLE QUOTE

_____
_____
_____
_____
_____
_____
_____

My Rating:

☆☆☆☆☆

TITLE:

Author:

Date Published:

Publisher:

Genre:

Page Count:

Date Started:

Date Finished:

My Review

....
....
....
....
....
....
....
....
....
....
....
....
....
....

INSPIRATION

BOOK NO:

MEMORABLE QUOTE

My Rating:
☆☆☆☆☆

TITLE:

Author:

Date Published:

Publisher:

Genre:

Page Count:

Date Started:

Date Finished:

My Review

....
....
....
....
....
....
....
....
....
....
....
....
....
....
....
....
....

INSPIRATION

BOOK NO:

MEMORABLE QUOTE

My Rating:

☆☆☆☆☆

TITLE:

Author: Date Published:

Publisher: Genre:

Page Count: Date Started: Date Finished:

My Review

....
....
....
....
....
....
....
....
....
....
....
....
....
....
....
....
....

INSPIRATION

BOOK NO:

MEMORABLE QUOTE

My Rating:
☆☆☆☆☆

TITLE:

Author:

Date Published:

Publisher:

Genre:

Page Count:

Date Started:

Date Finished:

My Review

....
....
....
....
....
....
....
....
....
....
....
....
....
....
....
....
....
....

INSPIRATION

BOOK NO:

MEMORABLE QUOTE

My Rating:

☆ ☆ ☆ ☆ ☆

TITLE:

Author:

Date Published:

Publisher:

Genre:

Page Count:

Date Started:

Date Finished:

My Review

....
....
....
....
....
....
....
....
....
....
....
....
....
....
....
....
....

INSPIRATION

_____
_____
_____
_____
_____
_____
_____

BOOK NO:

MEMORABLE QUOTE

_____
_____
_____
_____
_____
_____
_____

My Rating:

☆ ☆ ☆ ☆ ☆

TITLE:

Author: Date Published:

Publisher: Genre:

Page Count: Date Started: Date Finished:

My Review

....
....
....
....
....
....
....
....
....
....
....
....
....
....
....
....
....

INSPIRATION

_____
_____
_____
_____
_____
_____
_____

BOOK NO:

MEMORABLE QUOTE

_____
_____
_____
_____
_____
_____
_____

My Rating:

☆☆☆☆☆

TITLE:

Author:

Date Published:

Publisher:

Genre:

Page Count:

Date Started:

Date Finished:

My Review

....
....
....
....
....
....
....
....
....
....
....
....
....
....
....
....
....
....

INSPIRATION

_____
_____
_____
_____
_____
_____
_____
_____

BOOK NO:

MEMORABLE QUOTE

_____
_____
_____
_____
_____
_____
_____
_____

My Rating:

☆☆☆☆☆

TITLE:

Author:

Date Published:

Publisher:

Genre:

Page Count:

Date Started:

Date Finished:

My Review

....
....
....
....
....
....
....
....
....
....
....
....
....
....
....
....
....

INSPIRATION

BOOK NO:

MEMORABLE QUOTE

My Rating:
☆☆☆☆☆

TITLE:

Author: [   ]   Date Published: [   ]

Publisher: [   ]   Genre: [   ]

Page Count: ( )   Date Started: ( )   Date Finished: ( )

My Review

....
....
....
....
....
....
....
....
....
....
....
....
....
....
....
....

INSPIRATION

_____
_____
_____
_____
_____
_____
_____

BOOK NO:

MEMORABLE QUOTE

_____
_____
_____
_____
_____
_____
_____

My Rating:
☆☆☆☆☆

TITLE:

Author: Date Published:

Publisher: Genre:

Page Count: Date Started: Date Finished:

My Review

....
....
....
....
....
....
....
....
....
....
....
....
....
....
....
....

INSPIRATION

_____
_____
_____
_____
_____
_____
_____

BOOK NO:

MEMORABLE QUOTE

_____
_____
_____
_____
_____
_____
_____

My Rating:

☆ ☆ ☆ ☆ ☆

TITLE:

Author: Date Published:

Publisher: Genre:

Page Count: Date Started: Date Finished:

My Review

....
....
....
....
....
....
....
....
....
....
....
....
....
....
....
....
....

INSPIRATION

_____
_____
_____
_____
_____
_____
_____
_____

BOOK NO:

MEMORABLE QUOTE

_____
_____
_____
_____
_____
_____
_____
_____

My Rating:

☆ ☆ ☆ ☆ ☆

TITLE:

Author: Date Published:

Publisher: Genre:

Page Count: Date Started: Date Finished:

My Review

....
....
....
....
....
....
....
....
....
....
....
....
....
....
....
....
....

INSPIRATION

_____
_____
_____
_____
_____
_____
_____

BOOK NO:

MEMORABLE QUOTE

_____
_____
_____
_____
_____
_____
_____

My Rating:

☆☆☆☆☆

TITLE:

Author:

Date Published:

Publisher:

Genre:

Page Count:

Date Started:

Date Finished:

My Review

....
....
....
....
....
....
....
....
....
....
....
....
....
....
....
....
....

INSPIRATION

_____
_____
_____
_____
_____
_____
_____

BOOK NO:

MEMORABLE QUOTE

_____
_____
_____
_____
_____
_____

My Rating:
☆☆☆☆☆

TITLE:

Author:

Date Published:

Publisher:

Genre:

Page Count:

Date Started:

Date Finished:

My Review

....
....
....
....
....
....
....
....
....
....
....
....
....
....
....
....
....

INSPIRATION

_____
_____
_____
_____
_____
_____

BOOK NO:

MEMORABLE QUOTE

_____
_____
_____
_____
_____
_____
_____

My Rating:

☆☆☆☆☆

TITLE:

Author:

Date Published:

Publisher:

Genre:

Page Count:

Date Started:

Date Finished:

My Review

....
....
....
....
....
....
....
....
....
....
....
....
....
....
....
....
....

INSPIRATION

_____
_____
_____
_____
_____
_____
_____

BOOK NO:

MEMORABLE QUOTE

_____
_____
_____
_____
_____
_____
_____
_____

My Rating:

☆☆☆☆☆

TITLE:

Author: Date Published:

Publisher: Genre:

Page Count: Date Started: Date Finished:

My Review

....
....
....
....
....
....
....
....
....
....
....
....
....
....
....
....
....
....

INSPIRATION

BOOK NO:

MEMORABLE QUOTE

My Rating:
☆☆☆☆☆

TITLE:

Author:

Date Published:

Publisher:

Genre:

Page Count:

Date Started:

Date Finished:

My Review

....
....
....
....
....
....
....
....
....
....
....
....
....
....
....
....

INSPIRATION

BOOK NO:

MEMORABLE QUOTE

My Rating:

☆☆☆☆☆

TITLE:

Author: _____ Date Published: _____

Publisher: _____ Genre: _____

Page Count: _____ Date Started: _____ Date Finished: _____

My Review

....
....
....
....
....
....
....
....
....
....
....
....
....
....
....
....

INSPIRATION

_____
_____
_____
_____
_____
_____
_____

BOOK NO:

MEMORABLE QUOTE

_____
_____
_____
_____
_____
_____
_____

My Rating:
☆☆☆☆☆

TITLE:

Author:

Date Published:

Publisher:

Genre:

Page Count:

Date Started:

Date Finished:

My Review

....
....
....
....
....
....
....
....
....
....
....
....
....
....
....
....
....

INSPIRATION

_____
_____
_____
_____
_____
_____
_____
_____

BOOK NO:

MEMORABLE QUOTE

_____
_____
_____
_____
_____
_____
_____
_____

My Rating:

☆☆☆☆☆

TITLE:

Author: Date Published:

Publisher: Genre:

Page Count: Date Started: Date Finished:

My Review

....
....
....
....
....
....
....
....
....
....
....
....
....
....
....
....

INSPIRATION

BOOK NO:

MEMORABLE QUOTE

My Rating:

☆☆☆☆☆

TITLE:

Author: Date Published:

Publisher: Genre:

Page Count: Date Started: Date Finished:

My Review

....

....

....

....

....

....

....

....

....

....

....

....

....

....

....

....

INSPIRATION

_____

_____

_____

_____

_____

_____

_____

BOOK NO:

My Rating:

☆☆☆☆☆

MEMORABLE QUOTE

_____

_____

_____

_____

_____

_____

_____

_____

_____

TITLE:

Author: _____ Date Published: _____

Publisher: _____ Genre: _____

Page Count: ⬭ Date Started: ⬭ Date Finished: ⬭

My Review

....
....
....
....
....
....
....
....
....
....
....
....
....
....
....
....
....

INSPIRATION

_____
_____
_____
_____
_____
_____
_____

BOOK NO:

My Rating:
☆☆☆☆☆

MEMORABLE QUOTE

_____
_____
_____
_____
_____
_____
_____

TITLE:

Author: _____   Date Published: _____

Publisher: _____   Genre: _____

Page Count: ⬭   Date Started: ⬭   Date Finished: ⬭

My Review

....
....
....
....
....
....
....
....
....
....
....
....
....
....
....
....
....

INSPIRATION
_____
_____
_____
_____
_____
_____
_____
_____

BOOK NO:

MEMORABLE QUOTE
_____
_____
_____
_____
_____
_____
_____
_____

My Rating:
☆☆☆☆☆

TITLE:

Author: Date Published:

Publisher: Genre:

Page Count: Date Started: Date Finished:

My Review

....
....
....
....
....
....
....
....
....
....
....
....
....
....
....
....
....

INSPIRATION

BOOK NO:

MEMORABLE QUOTE

My Rating:
☆☆☆☆☆

TITLE:

Author:

Date Published:

Publisher:

Genre:

Page Count:

Date Started:

Date Finished:

My Review

....
....
....
....
....
....
....
....
....
....
....
....
....
....
....
....

INSPIRATION

BOOK NO:

MEMORABLE QUOTE

My Rating:

☆☆☆☆☆

TITLE:

Author:

Date Published:

Publisher:

Genre:

Page Count:

Date Started:

Date Finished:

My Review

....
....
....
....
....
....
....
....
....
....
....
....
....
....
....
....
....

INSPIRATION

_____
_____
_____
_____
_____
_____
_____
_____

BOOK NO:

MEMORABLE QUOTE

_____
_____
_____
_____
_____
_____
_____
_____

My Rating:

☆☆☆☆☆

TITLE:

Author:

Date Published:

Publisher:

Genre:

Page Count:

Date Started:

Date Finished:

My Review

....
....
....
....
....
....
....
....
....
....
....
....
....
....
....
....
....

INSPIRATION

BOOK NO:

MEMORABLE QUOTE

My Rating:

☆☆☆☆☆

TITLE:

Author: Date Published:

Publisher: Genre:

Page Count: Date Started: Date Finished:

My Review

....
....
....
....
....
....
....
....
....
....
....
....
....
....
....
....
....

INSPIRATION

BOOK NO:

MEMORABLE QUOTE

My Rating:
☆☆☆☆☆

TITLE:

Author: Date Published:

Publisher: Genre:

Page Count: Date Started: Date Finished:

My Review

....
....
....
....
....
....
....
....
....
....
....
....
....
....
....
....
....

INSPIRATION

_____
_____
_____
_____
_____
_____
_____

BOOK NO:

MEMORABLE QUOTE

_____
_____
_____
_____
_____
_____
_____

My Rating:

☆ ☆ ☆ ☆ ☆

TITLE:

Author: Date Published:

Publisher: Genre:

Page Count: Date Started: Date Finished:

My Review

....
....
....
....
....
....
....
....
....
....
....
....
....
....
....
....

INSPIRATION

BOOK NO:

MEMORABLE QUOTE

My Rating:
☆☆☆☆☆

TITLE:

Author: _____   Date Published: _____

Publisher: _____   Genre: _____

Page Count: ( )   Date Started: ( )   Date Finished: ( )

My Review

....
....
....
....
....
....
....
....
....
....
....
....
....
....
....
....

INSPIRATION

_____
_____
_____
_____
_____
_____
_____

BOOK NO:

MEMORABLE QUOTE

_____
_____
_____
_____
_____
_____
_____
_____

My Rating:
☆ ☆ ☆ ☆ ☆

TITLE:

Author: Date Published:

Publisher: Genre:

Page Count: Date Started: Date Finished:

My Review

....
....
....
....
....
....
....
....
....
....
....
....
....
....
....
....
....
....

INSPIRATION

BOOK NO:

MEMORABLE QUOTE

My Rating:

☆ ☆ ☆ ☆ ☆

TITLE:

Author: Date Published:

Publisher: Genre:

Page Count: Date Started: Date Finished:

My Review

....
....
....
....
....
....
....
....
....
....
....
....
....
....
....
....

INSPIRATION

_____
_____
_____
_____
_____
_____
_____

BOOK NO:

My Rating:
☆☆☆☆☆

MEMORABLE QUOTE

_____
_____
_____
_____
_____
_____
_____
_____

TITLE:

Author:

Date Published:

Publisher:

Genre:

Page Count:

Date Started:

Date Finished:

My Review

....
....
....
....
....
....
....
....
....
....
....
....
....
....
....
....
....

INSPIRATION

_____
_____
_____
_____
_____
_____
_____

BOOK NO:

MEMORABLE QUOTE

_____
_____
_____
_____
_____
_____
_____
_____

My Rating:

☆☆☆☆☆

TITLE:

Author: _____   **Date Published** _____

Publisher: _____   **Genre:** _____

Page Count: _____   **Date Started:** _____   **Date Finished:** _____

My Review

....
....
....
....
....
....
....
....
....
....
....
....
....
....
....
....

INSPIRATION

_____
_____
_____
_____
_____
_____
_____
_____

BOOK NO:

MEMORABLE QUOTE

_____
_____
_____
_____
_____
_____
_____
_____

My Rating:

☆ ☆ ☆ ☆ ☆

TITLE:

Author: _____ Date Published: _____

Publisher: _____ Genre: _____

Page Count: ⬭   Date Started: ⬭   Date Finished: ⬭

My Review

....
....
....
....
....
....
....
....
....
....
....
....
....
....
....
....
....
....

INSPIRATION

_____
_____
_____
_____
_____
_____
_____
_____

BOOK NO:

MEMORABLE QUOTE

_____
_____
_____
_____
_____
_____
_____
_____

My Rating:

☆ ☆ ☆ ☆ ☆

TITLE:

Author:

Date Published:

Publisher:

Genre:

Page Count:

Date Started:

Date Finished:

My Review

....
....
....
....
....
....
....
....
....
....
....
....
....
....
....

INSPIRATION

_____
_____
_____
_____
_____
_____
_____

BOOK NO:

MEMORABLE QUOTE

_____
_____
_____
_____
_____
_____
_____
_____

My Rating:

☆☆☆☆☆

TITLE:

Author:

Date Published:

Publisher:

Genre:

Page Count:

Date Started:

Date Finished:

My Review

....
....
....
....
....
....
....
....
....
....
....
....
....
....
....
....
....

INSPIRATION

_____
_____
_____
_____
_____
_____
_____

BOOK NO:

MEMORABLE QUOTE

_____
_____
_____
_____
_____
_____
_____

My Rating:

☆ ☆ ☆ ☆ ☆

TITLE:

Author:

Date Published:

Publisher:

Genre:

Page Count:

Date Started:

Date Finished:

My Review

....
....
....
....
....
....
....
....
....
....
....
....
....
....
....
....

INSPIRATION

_____
_____
_____
_____
_____
_____
_____

BOOK NO:

MEMORABLE QUOTE

_____
_____
_____
_____
_____
_____
_____

My Rating:

☆☆☆☆☆

TITLE:

Author: Date Published:

Publisher: Genre:

Page Count: Date Started: Date Finished:

My Review

....
....
....
....
....
....
....
....
....
....
....
....
....
....
....
....

INSPIRATION

_____
_____
_____
_____
_____
_____
_____
_____

BOOK NO:

MEMORABLE QUOTE

_____
_____
_____
_____
_____
_____
_____

My Rating:

☆☆☆☆☆

TITLE:

Author:

Date Published:

Publisher:

Genre:

Page Count: **Date Started:** **Date Finished:**

My Review

....
....
....
....
....
....
....
....
....
....
....
....
....
....
....
....
....
....

INSPIRATION

_____
_____
_____
_____
_____
_____
_____
_____

BOOK NO:

MEMORABLE QUOTE

_____
_____
_____
_____
_____
_____
_____
_____

My Rating:

☆☆☆☆☆

TITLE:

Author: Date Published:

Publisher: Genre:

Page Count: Date Started: Date Finished:

My Review

....
....
....
....
....
....
....
....
....
....
....
....
....
....
....

INSPIRATION

_____
_____
_____
_____
_____
_____
_____

BOOK NO:

MEMORABLE QUOTE

_____
_____
_____
_____
_____
_____
_____

My Rating:

☆☆☆☆☆

TITLE:

Author:

Date Published:

Publisher:

Genre:

Page Count:

Date Started:

Date Finished:

My Review

....
....
....
....
....
....
....
....
....
....
....
....
....
....
....
....

INSPIRATION

_____
_____
_____
_____
_____
_____
_____

BOOK NO:

MEMORABLE QUOTE

_____
_____
_____
_____
_____
_____
_____
_____

My Rating:

☆ ☆ ☆ ☆ ☆

TITLE:

Author:

Date Published:

Publisher:

Genre:

Page Count:

Date Started:

Date Finished:

My Review

....
....
....
....
....
....
....
....
....
....
....
....
....
....
....
....
....
....

INSPIRATION

BOOK NO:

MEMORABLE QUOTE

My Rating:

☆☆☆☆☆

TITLE:

Author: _____   Date Published: _____

Publisher: _____   Genre: _____

Page Count: _____   Date Started: _____   Date Finished: _____

My Review

....
....
....
....
....
....
....
....
....
....
....
....
....
....
....
....
....
....

INSPIRATION

_____
_____
_____
_____
_____
_____
_____

BOOK NO:

MEMORABLE QUOTE

_____
_____
_____
_____
_____
_____
_____

My Rating:
☆☆☆☆☆

TITLE:

Author:

Date Published:

Publisher:

Genre:

Page Count:

Date Started:

Date Finished:

My Review

....
....
....
....
....
....
....
....
....
....
....
....
....
....
....
....

INSPIRATION

BOOK NO:

MEMORABLE QUOTE

My Rating:

☆☆☆☆☆

TITLE:

Author: _____ Date Published: _____

Publisher: _____ Genre: _____

Page Count: _____ Date Started: _____ Date Finished: _____

My Review

....
....
....
....
....
....
....
....
....
....
....
....
....
....
....
....

INSPIRATION

_____
_____
_____
_____
_____
_____
_____

BOOK NO:

MEMORABLE QUOTE

_____
_____
_____
_____
_____
_____
_____

My Rating:

☆☆☆☆☆

TITLE:

Author: Date Published:

Publisher: Genre:

Page Count: Date Started: Date Finished:

My Review

....
....
....
....
....
....
....
....
....
....
....
....
....
....
....
....
....
....

INSPIRATION

BOOK NO:

MEMORABLE QUOTE

My Rating:
☆☆☆☆☆

TITLE:

Author:

Date Published:

Publisher:

Genre:

Page Count:

Date Started:

Date Finished:

My Review

....
....
....
....
....
....
....
....
....
....
....
....
....
....
....
....
....

INSPIRATION

_____
_____
_____
_____
_____
_____
_____
_____

BOOK NO:

MEMORABLE QUOTE

_____
_____
_____
_____
_____
_____
_____

My Rating:

☆☆☆☆☆

TITLE:

Author: Date Published:

Publisher: Genre:

Page Count: Date Started: Date Finished:

My Review

....
....
....
....
....
....
....
....
....
....
....
....
....
....
....
....
....

INSPIRATION

_____
_____
_____
_____
_____
_____
_____
_____

BOOK NO:

MEMORABLE QUOTE

_____
_____
_____
_____
_____
_____
_____

My Rating:

☆☆☆☆☆

TITLE:

Author: _____ Date Published: _____

Publisher: _____ Genre: _____

Page Count: _____ Date Started: _____ Date Finished: _____

My Review

....
....
....
....
....
....
....
....
....
....
....
....
....
....
....
....
....
....

INSPIRATION

_____
_____
_____
_____
_____
_____
_____

BOOK NO:

MEMORABLE QUOTE

_____
_____
_____
_____
_____
_____

My Rating:

☆☆☆☆☆

TITLE:

Author: Date Published:

Publisher: Genre:

Page Count: Date Started: Date Finished:

My Review

....
....
....
....
....
....
....
....
....
....
....
....
....
....
....
....

INSPIRATION

_____
_____
_____
_____
_____
_____
_____

BOOK NO:

MEMORABLE QUOTE

_____
_____
_____
_____
_____
_____

My Rating:

☆☆☆☆☆

TITLE:

Author: Date Published:

Publisher: Genre:

Page Count: Date Started: Date Finished:

My Review

....
....
....
....
....
....
....
....
....
....
....
....
....
....
....
....
....

INSPIRATION

_____
_____
_____
_____
_____
_____
_____

BOOK NO:

MEMORABLE QUOTE

_____
_____
_____
_____
_____
_____
_____

My Rating:

☆☆☆☆☆

TITLE:

Author:

Date Published:

Publisher:

Genre:

Page Count: Date Started: Date Finished:

My Review

....
....
....
....
....
....
....
....
....
....
....
....
....
....
....
....
....

INSPIRATION

BOOK NO:

MEMORABLE QUOTE

My Rating:

☆☆☆☆☆

TITLE:

Author: Date Published:

Publisher: Genre:

Page Count: Date Started: Date Finished:

My Review

....
....
....
....
....
....
....
....
....
....
....
....
....
....
....
....
....

INSPIRATION

_____
_____
_____
_____
_____
_____
_____
_____
_____

BOOK NO:

MEMORABLE QUOTE

_____
_____
_____
_____
_____
_____
_____
_____
_____

My Rating:

☆☆☆☆☆

TITLE:

Author:

Date Published:

Publisher:

Genre:

Page Count:

Date Started:

Date Finished:

My Review

....
....
....
....
....
....
....
....
....
....
....
....
....
....
....
....
....
....

INSPIRATION

BOOK NO:

MEMORABLE QUOTE

My Rating:
☆☆☆☆☆

TITLE:

Author: _____   Date Published: _____

Publisher: _____   Genre: _____

Page Count: ⬭   Date Started: ⬭   Date Finished: ⬭

My Review

....
....
....
....
....
....
....
....
....
....
....
....
....
....
....
....

INSPIRATION

_____
_____
_____
_____
_____
_____
_____
_____

BOOK NO:

MEMORABLE QUOTE

_____
_____
_____
_____
_____
_____
_____
_____

My Rating:

☆☆☆☆☆

TITLE:

Author: _____ Date Published: ____

Publisher: _____ Genre: _____

Page Count: (___) Date Started: (___) Date Finished: (___)

My Review

....
....
....
....
....
....
....
....
....
....
....
....
....
....
....
....
....

INSPIRATION

_____
_____
_____
_____
_____
_____
_____

BOOK NO:

MEMORABLE QUOTE

_____
_____
_____
_____
_____
_____
_____

My Rating:

☆☆☆☆☆

TITLE:

Author:

Date Published:

Publisher:

Genre:

Page Count:

Date Started:

Date Finished:

My Review

....
....
....
....
....
....
....
....
....
....
....
....
....
....
....
....

INSPIRATION

BOOK NO:

MEMORABLE QUOTE

My Rating:

☆☆☆☆☆

TITLE:

Author: **Date Published:**

Publisher: **Genre:**

Page Count: **Date Started:**   **Date Finished:**

My Review

....
....
....
....
....
....
....
....
....
....
....
....
....
....
....
....

INSPIRATION

BOOK NO:

MEMORABLE QUOTE

My Rating:

☆☆☆☆☆

TITLE:

Author: _____ Date Published: _____

Publisher: _____ Genre: _____

Page Count: ⬭ Date Started: ⬭ Date Finished: ⬭

My Review

....
....
....
....
....
....
....
....
....
....
....
....
....
....
....

INSPIRATION

_____
_____
_____
_____
_____
_____
_____

BOOK NO:

MEMORABLE QUOTE

_____
_____
_____
_____
_____
_____
_____

My Rating:
☆☆☆☆☆

TITLE:

Author: Date Published:

Publisher: Genre:

Page Count: Date Started: Date Finished:

My Review

....
....
....
....
....
....
....
....
....
....
....
....
....
....
....
....

INSPIRATION

_____
_____
_____
_____
_____
_____
_____

BOOK NO:

MEMORABLE QUOTE

_____
_____
_____
_____
_____
_____
_____

My Rating:

☆☆☆☆☆

TITLE:

Author: _____   Date Published: _____

Publisher: _____   Genre: _____

Page Count: ⬭   Date Started: ⬭   Date Finished: ⬭

My Review

....
....
....
....
....
....
....
....
....
....
....
....
....
....
....
....
....
....

INSPIRATION

_____
_____
_____
_____
_____
_____
_____
_____

BOOK NO:

MEMORABLE QUOTE

_____
_____
_____
_____
_____
_____
_____
_____

My Rating:

☆☆☆☆☆

TITLE:

Author: 　　　　　　　　　　　Date Published:

Publisher: 　　　　　　　　　　Genre:

Page Count: 　　　Date Started: 　　　Date Finished:

My Review

....
....
....
....
....
....
....
....
....
....
....
....
....
....
....
....
....

INSPIRATION

BOOK NO:

MEMORABLE QUOTE

My Rating:

☆☆☆☆☆

TITLE:

Author: Date Published:

Publisher: Genre:

Page Count: Date Started: Date Finished:

My Review

....
....
....
....
....
....
....
....
....
....
....
....
....
....
....

INSPIRATION

BOOK NO:

MEMORABLE QUOTE

My Rating:

☆☆☆☆☆

TITLE:

Author:

Date Published:

Publisher:

Genre:

Page Count:

Date Started:

Date Finished:

My Review

....
....
....
....
....
....
....
....
....
....
....
....
....
....
....
....

INSPIRATION

_____
_____
_____
_____
_____
_____
_____
_____

BOOK NO:

MEMORABLE QUOTE

_____
_____
_____
_____
_____
_____
_____

My Rating:

☆☆☆☆☆

TITLE:

Author: Date Published:

Publisher: Genre:

Page Count: Date Started: Date Finished:

My Review

....
....
....
....
....
....
....
....
....
....
....
....
....
....
....

INSPIRATION

BOOK NO:

MEMORABLE QUOTE

My Rating:

☆ ☆ ☆ ☆ ☆

TITLE:

Author:

Date Published:

Publisher:

Genre:

Page Count:

Date Started:

Date Finished:

My Review

....
....
....
....
....
....
....
....
....
....
....
....
....
....
....
....
....
....

INSPIRATION

BOOK NO:

MEMORABLE QUOTE

My Rating:

☆☆☆☆☆

TITLE:

Author:

Date Published:

Publisher:

Genre:

Page Count:

Date Started:

Date Finished:

My Review

....
....
....
....
....
....
....
....
....
....
....
....
....
....
....
....

INSPIRATION

BOOK NO:

MEMORABLE QUOTE

My Rating:

☆☆☆☆☆

TITLE:

Author: Date Published:

Publisher: Genre:

Page Count: Date Started: Date Finished:

My Review

....
....
....
....
....
....
....
....
....
....
....
....
....
....
....
....
....
....

INSPIRATION

_____
_____
_____
_____
_____
_____
_____
_____

BOOK NO:

MEMORABLE QUOTE

_____
_____
_____
_____
_____
_____
_____
_____

My Rating:

☆☆☆☆☆

TITLE:

Author:

Date Published:

Publisher:

Genre:

Page Count:

Date Started:

Date Finished:

My Review

....
....
....
....
....
....
....
....
....
....
....
....
....
....
....
....

INSPIRATION

BOOK NO:

MEMORABLE QUOTE

My Rating:

☆☆☆☆☆

TITLE:

Author: Date Published:

Publisher: Genre:

Page Count: Date Started: Date Finished:

My Review

....
....
....
....
....
....
....
....
....
....
....
....
....
....
....
....
....
....

INSPIRATION

BOOK NO:

MEMORABLE QUOTE

My Rating:

☆ ☆ ☆ ☆ ☆

TITLE:

Author: ⬚⬚⬚⬚⬚⬚⬚⬚⬚⬚⬚⬚ Date Published: ⬚⬚⬚

Publisher: ⬚⬚⬚⬚⬚⬚⬚⬚⬚⬚⬚⬚ Genre: ⬚⬚⬚⬚⬚⬚

Page Count: ⬚⬚⬚ Date Started: ⬚⬚⬚ Date Finished: ⬚⬚⬚

My Review

....
....
....
....
....
....
....
....
....
....
....
....
....
....
....
....
....

INSPIRATION

_____
_____
_____
_____
_____
_____
_____

BOOK NO:

MEMORABLE QUOTE

_____
_____
_____
_____
_____
_____
_____
_____

My Rating:

☆☆☆☆☆

TITLE:

Author: _____ Date Published: _____

Publisher: _____ Genre: _____

Page Count: ⬭ Date Started: ⬭ Date Finished: ⬭

My Review

....
....
....
....
....
....
....
....
....
....
....
....
....
....
....
....
....
....

INSPIRATION

_____
_____
_____
_____
_____
_____
_____
_____

BOOK NO:

MEMORABLE QUOTE

_____
_____
_____
_____
_____
_____
_____

My Rating:

☆ ☆ ☆ ☆ ☆

TITLE:

Author: Date Published:

Publisher: Genre:

Page Count: Date Started: Date Finished:

My Review

....
....
....
....
....
....
....
....
....
....
....
....
....
....
....
....
....
....

INSPIRATION

BOOK NO:

MEMORABLE QUOTE

My Rating:

☆☆☆☆☆

TITLE:

Author:

Date Published:

Publisher:

Genre:

Page Count:

Date Started:

Date Finished:

My Review

....
....
....
....
....
....
....
....
....
....
....
....
....
....
....
....
....
....

INSPIRATION

_____
_____
_____
_____
_____
_____
_____
_____

BOOK NO:

MEMORABLE QUOTE

_____
_____
_____
_____
_____
_____
_____
_____
_____

My Rating:

☆☆☆☆☆

Notes

Notes

Notes

Notes

Favorite Quotes

Quote	Book Title & Author	Page

Favorite Quotes

Quote	Book Title & Author	Page

Book Loan Record

Title	Loaned To	Borrowed From	Date Taken	Date Returned

Book Loan Record

Title	Loaned To	Borrowed From	Date Taken	Date Returned

Amazon's 100 Books To Read In A Lifetime List

	Title	Author	✓
1	1984	George Orwell	
2	A Brief History of Time	Stephen Hawking	
3	A Heartbreaking Work of Staggering Genius	Dave Eggers	
4	A Long Way Gone	Ishmael Beah	
5	A Series of Unfortunate Events #1: The Bad Beginning: The Short-Lived Edition	Lemony Snicket	
6	A Wrinkle in Time	Madeleine L'Engle	
7	Alice Munro: Selected Stories	Alice Munro	
8	Alice in Wonderland	Lewis Carroll	
9	All the President's Men	Bob Woodward and Carl Bernstein	
10	Angela's Ashes: A Memoir	Frank McCourt	
11	Are You There, God? It's me, Margaret	Judy Blume	
12	Bel Canto	Ann Patchett	
13	Beloved	Toni Morrison	
14	Born To Run: A Hidden Tribe, Superathletes, and the Greatest Race the World Has Never Seen	Christopher McDougall	
15	Breath, Eyes, Memory	Edwidge Danticat	
16	Catch-22	Joseph Heller	
17	Charlie and the Chocolate Factory	Roald Dahl	
18	Charlotte's Web	E.B. White	
19	Cutting For Stone	Abraham Verghese	
20	Daring Greatly: How the Courage to Be Vulnerable Transforms the Way We Live, Love, Parent, and Lead	Brene Brown	
21	Diary of a Wimpy Kid, Book 1	Jeff Kinney	
22	Dune	Frank Herbert	
23	Fahrenheit 451	Ray Bradbury	
24	Fear and Loathing in Las Vegas: A Savage Journey to the Heart of the American Dream	Hunter S. Thompson	
25	Gone Girl	Gillian Flynn	
26	Goodnight Moon	Margaret Wise Brown	
27	Great Expectations	Charles Dickens	
28	Guns, Germs, and Steel: The Fates of Human Societies	Jared M. Diamond	
29	Harry Potter and the Sorcerer's Stone	J.K. Rowling	

Amazon's 100 Books To Read In A Lifetime List

	Title	Author	✓
30	In Cold Blood	Truman Capote	
31	Interpreter of Maladies	Jhumpa Lahiri	
32	Invisible Man	Ralph Ellison	
33	Jimmy Corrigan: Smartest Kid on Earth	Chris Ware	
34	Kitchen Confidential	Anthony Bourdain	
35	Life After Life	Kate Atkinson	
36	Little House on the Prairie	Laura Ingalls Wilder	
37	Lolita	Vladimir Nabokov	
38	Love in the Time of Cholera	Gabriel Garcia Marquez	
39	Love Medicine	Louise Erdrich	
40	Man's Search for Meaning	Viktor Frankl	
41	Me Talk Pretty One Day	David Sedaris	
42	Middlesex	Jeffrey Eugenides	
43	Midnight's Children	Salman Rushdie	
44	Moneyball	Michael Lewis	
45	Of Human Bondage	W. Somerset Maugham	
46	On the Road	Jack Kerouac	
47	Out of Africa	Isak Dinesen	
48	Persepolis	Marjane Satrapi	
49	Portnoy's Complaint	Philip Roth	
50	Pride and Prejudice	Jane Austen	
51	Silent Spring	Rachel Carson	
52	Slaughterhouse-Five	Kurt Vonnegut	
53	Team of Rivals	Doris Kearns Goodwin	
54	The Age of Innocence	Edith Wharton	
55	The Amazing Adventures of Kavalier and Clay	Michael Chabon	
56	The Autobiography of Malcolm X	by Malcolm X and Alex Haley	
57	The Book Thief	Markus Zusak	
58	The Brief Wondrous Life of Oscar Wao	Junot Diaz	
59	The Catcher in the Rye	J.D. Salinger	
60	The Color of Water	James McBride	
61	The Corrections	Jonathan Franzen	
62	The Devil in the White City: Murder, Magic, and Madness at the Fair that Changed America	Erik Larson	

Amazon's 100 Books To Read In A Lifetime List

	Title	Author	✓
63	The Diary of Anne Frank	Anne Frank	
64	The Fault in Our Stars	John Green	
65	The Giver	Lois Lowry	
66	The Golden Compass: His Dark Materials	Philip Pullman	
67	The Great Gatsby	F. Scott Fitzgerald	
68	The Handmaid's Tale	Margaret Atwood	
69	The House At Pooh Corner	A. A. Milne	
70	The Hunger Games	Suzanne Collins	
71	The Immortal Life of Henrietta Lacks	Rebecca Skloot	
72	The Liars' Club: A Memoir	Mary Karr	
73	The Lightning Thief (Percy Jackson and the Olympians, Book 1)	Rick Riordan	
74	The Little Prince	Antoine de Saint-Exupéry	
75	The Long Goodbye	Raymond Chandler	
76	The Looming Tower: Al-Qaeda and the Road to 9/11	Lawrence Wright	
77	The Lord of the Rings	J.R.R. Tolkien	
78	The Man Who Mistook His Wife For A Hat: And Other Clinical Tales	Oliver Sacks	
79	The Omnivore's Dilemma: A Natural History of Four Meals	Michael Pollan	
80	The Phantom Tollbooth	Norton Juster	
81	The Poisonwood Bible: A Novel	Barbara Kingsolver	
82	The Power Broker: Robert Moses and the Fall of New York	Robert A. Caro	
83	The Right Stuff	Tom Wolfe	
84	The Road	Cormac McCarthy	
85	The Secret History	Donna Tartt	
86	The Shining	Stephen King	
87	The Stranger	Albert Camus	
88	The Sun Also Rises	Ernest Hemingway	
89	The Things They Carried	Tim O'Brien	
90	The Very Hungry Caterpillar	Eric Carle	
91	The Wind in the Willows	Kenneth Grahame	
92	The Wind-Up Bird Chronicle: A Novel	Haruki Murakami	

Amazon's 100 Books To Read In A Lifetime List

	Title	Author	✓
93	The World According to Garp	John Irving	
94	The Year of Magical Thinking	Joan Didion	
95	Things Fall Apart	Chinua Achebe	
96	To Kill a Mockingbird	Harper Lee	
97	Unbroken: A World War II Story of Survival, Resilience, and Redemption	Laura Hillenbrand	
98	Valley of the Dolls	Jacqueline Susann	
99	Where the Sidewalk Ends	Shel Silverstein	
100	Where the Wild Things Are	Maurice Sendak	

47145938R00070

Made in the USA
Columbia, SC
29 December 2018